SOPHIE

l'Encyclopédie des Prénoms

Sophie

en Bandes Dessinées

Textes
Gégé • Bélom

Dessins
Régis Moulinet

Couleurs
Thomas Jourdas

VENTS D'OUEST

Illustration de couverture : David Amorim

31-33, rue Ernest-Renan
92130 Issy-Les-Moulineaux
www.ventsdouest.com

Dépôt légal : août 2006
Achevé d'imprimer en France en août 2006
par Pollina - L40852

l'Origine

Sophie • Sophia • Sagesse en grec

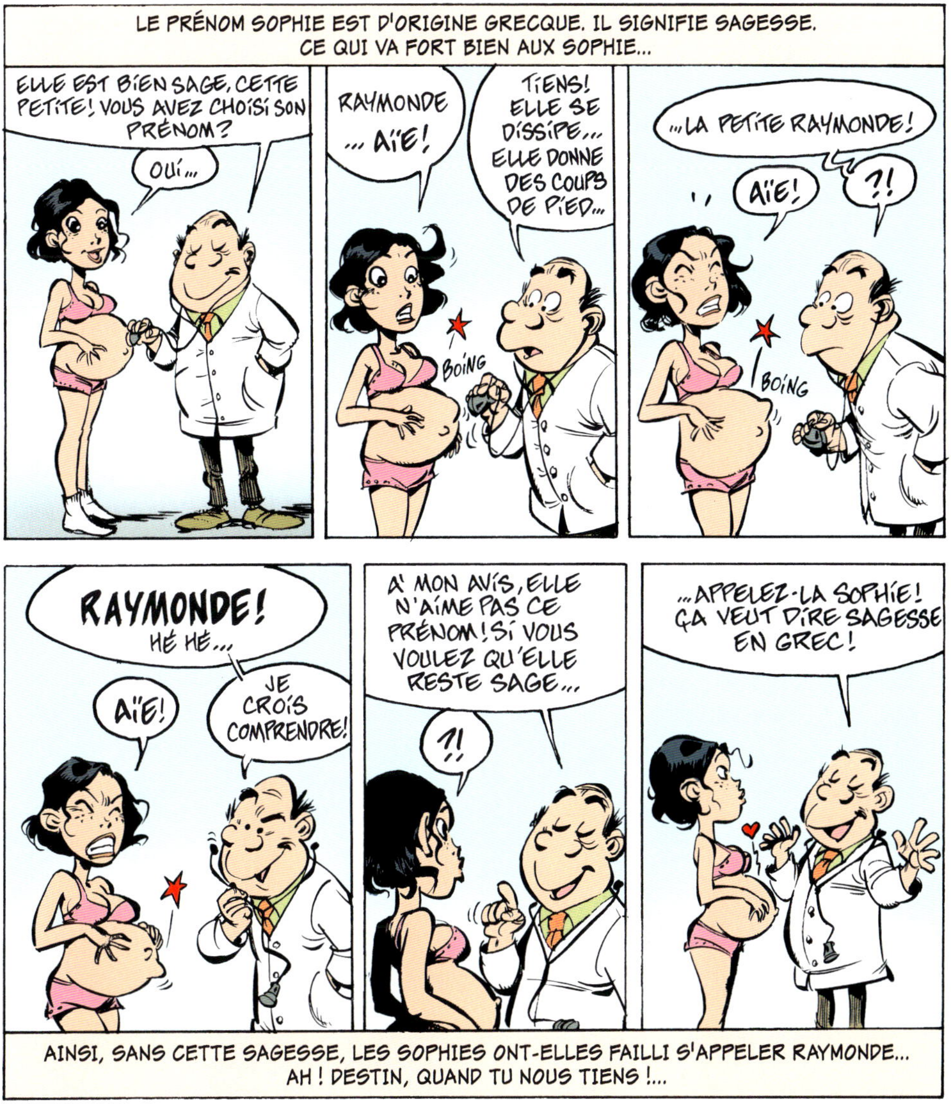

LE PRÉNOM SOPHIE EST D'ORIGINE GRECQUE. IL SIGNIFIE SAGESSE. CE QUI VA FORT BIEN AUX SOPHIE...
ELLE EST BIEN SAGE, CETTE PETITE ! VOUS AVEZ CHOISI SON PRÉNOM ?
OUI...
RAYMONDE ... AÏE !
BOING
TIENS ! ELLE SE DISSIPE... ELLE DONNE DES COUPS DE PIED...
...LA PETITE RAYMONDE !
AÏE !
?!
BOING
RAYMONDE ! HÉ HÉ...
AÏE !
JE CROIS COMPRENDRE !
À MON AVIS, ELLE N'AIME PAS CE PRÉNOM ! SI VOUS VOULEZ QU'ELLE RESTE SAGE...
?!
...APPELEZ-LA SOPHIE ! ÇA VEUT DIRE SAGESSE EN GREC !
AINSI, SANS CETTE SAGESSE, LES SOPHIES ONT-ELLES FAILLI S'APPELER RAYMONDE... AH ! DESTIN, QUAND TU NOUS TIENS !...

Sophie

l'Origine

Ste Sophie • Martyre sous le règne d'Hadrien

STE SOPHIE ÉTAIT UNE VEUVE ROMAINE QUI VÉCUT DANS LA PITIÉ AVEC SES TROIS FILLES, FOÎ, ESPÉRANCE ET CHARITÉ. LES QUATRE FURENT MARTYRES SOUS LE RÈGNE D'HADRIEN DANS LES ANNÉES 100...
FOÎ, ESPÉRANCE ET CHARITÉ... POUR LA DERNIÈRE FOIS, À TABLE!
OUAIS, OUAIS, DEUX SECONDES! 'Y A PAS LE FEU!
SI VOUS N'ARRIVEZ PAS VITE FAIT, J'APPELLE HADRIEN LE VILAIN CROQUE-MITAINE! ⊛
!
⊛ PERSONNAGE LÉGENDAIRE QUI FAISAIT PEUR AUX ENFANTS.
OH NON! MAMAN... PAS HADRIEN! PAS LUI! PITIÉ!
PAS HADRIEN!
SACRILÈGE! VOUS RENIEZ HADRIEN VOTRE EMPEREUR! JE VOUS ARRÊTE! GARDES, EMBARQUEZ-MOI TOUT ÇA, DIRECT À LA TORTURE!
!
DEPUIS CE JOUR, PAR SUPERSTITION, ON NE PRONONCERA PLUS JAMAIS LE PRÉNOM DU CROQUE-MITAINE!

son Univers

on élément : la terre • Son animal : le crapaud • Son végétal : la gentiane

UNE VILAINE SORCIÈRE, RACONTE LA LÉGENDE, VOULAIT SE DÉBARRASSER DE BLANCHE-SOPHIE, UNE JOLIE JEUNE-FILLE ADOPTÉE PAR SEPT GÉANTS...
HÉ HÉ HÉ... UN PEU DE TERRE BOURRÉE DE NITRATE... DE LA BAVE DE CRAPAUD...
AÏE!
POUIC
SLIP
LE CRAPAUD, POUR SE VENGER, TREMPA DE LA GENTIANE DANS LE LAIT-GRENADINE DE LA SORCIÈRE!
SAUVAGE!
PLOF.
HOP! LE TOUT DANS UNE BANANE! ABRACADABRA ...
HÉ HÉ HÉ
PLIC
BON! UNE PETITE LAMPÉE DE LAIT-GRENADINE ET EN AVANT!...
GLOUP
HÉ HÉ ...
SUITE

son Univers

Son minéral : le granit • Sa couleur : le vert

PUIS LA SORCIÈRE SE RENDIT, ÉMÉCHÉE PAR LA GENTIANE, CHEZ BLANCHE-SOPHIE.
TIENS... HIPS... MA BELLE... HOC! UNE SUPER BANANE... HIC!... RIEN QUE POUR TOI! HOPS...
YOUPI!
!
DÉSOLÉE, JE N'AIME PAS LES BANANES TROP VERTES!
COMMENT ÇA? ELLE EST PAS MÛRE, MA BANANE?
EH BEN MOI JE LA TROUVE TRÈS BIEN, MA BANANE... ...HOC... ESPÈCE DE CHOCHOTTE!
HOPS
HIC
?!
LA SORCIÈRE ÉMÉCHÉE CROQUA DANS SA BANANE ET RESTA FIGÉE À JAMAIS EN STATUE DE GRANIT. À JAMAIS, CAR PERSONNE NE VOULUT LUI DONNER UN BAISER...
BANANÉE, LA VIEILLE!
DEPUIS, SOPHIE FIT DU VERT, DU CRAPAUD, DE LA TERRE, DU GRANIT ET DE LA GENTIANE L'ENSEMBLE DE SON UNIVERS...

sa Devise

« Jamais un secret ne suffit à Sophie »

SI LES SOPHIE SONT DES FEMMES SECRÈTES, PORTEUSES DE MILLE SECRETS, ELLES SONT AUSSI ATTIRÉES PAR LES SECRETS DES AUTRES... AU SIMPLE MOT « SECRET » PRONONCÉ, LEUR ŒIL CURIEUX S'ANIME...
CHÉRIE... JE DOIS TE CONFIER UN SECRET...
BZZZZ BZZZBZZZ..
?!
LE SON ! MAIS MONTEZ DONC LE SON, ON N'ENTEND RIEN !
?!
?!
?!

son Caractère

Modeste • Volontaire • Réaliste

SANS LE LAISSER PARAÎTRE, LES SOPHIE POSSÈDENT UNE GRANDE VOLONTÉ. DÉTERMINÉES, ELLES ONT AUSSI UN GRAND SENS DES RÉALITÉS.
TOUT SUR L'HYPNOSE
!
DRINNDRINN
C'EST LUI !
TOUT SUR L'HYPNOSE
BONJOUR ! COURRIER POUR...
DORMEZ, JE LE VEUX ...
DORMEZ, JE LE VEUX...
JE LE SAVAIS, QUE CE BEAU FACTEUR FINIRAIT DANS MON LIT !
BON, BEN 'FAUDRAIT QUAND MÊME QU'IL SE RÉVEILLE !
ZZZ ZZZ
POSTE

son Caractère

Emotive • Timide • Réservée

DE NATURE TRÈS SENSIBLE, LES SOPHIE SE PRÉSERVENT DES AUTRES ET DE LEURS RÉACTIONS. SOUVENT MAL À L'AISE EN SOCIÉTÉ, ELLES SE METTENT TRÈS RAREMENT EN AVANT.
ALLONS, SOPHIE... IL VA FALLOIR SE DÉCIDER...
ON N'A PAS QUE ÇA À FAIRE...
SOIS GENTILLE, MA PUCE... IL FAUT Y ALLER ...
ON EN EST QUAND MÊME AU 24e MOIS DE LA GROSSESSE!
!
J'AI JAMAIS VU UN CAS PAREIL ?!!
SOPHIE, MA CHÉRIE... 'FAUT SORTIR, MAINTENANT!
MATERNITE

son Caractère

Détachée • Apparemment boudeuse

DE PAR LEUR TIMIDITÉ PRESQUE MALADIVE, LES SOPHIE SEMBLENT ABSENTES, LOINTAINES, VOIRE BOUDEUSES. HEUREUSEMENT, QUI LES CONNAÎT BIEN, SAIT QUE CE N'EST QU'UNE APPARENCE.
SOPHIE ELLE FAIT DU BOUDIN
SOPHIE ELLE FAIT DU BOUDIN
PÉNIBLE ...
C'EST NORMAL QU'ELLE FASSE DU BOUDIN, SOPHIE !
AH BON ?
?
PLUS TARD, ELLE VEUT FAIRE LE MÊME MÉTIER QUE SON PÈRE !
BEN ...
?
BONSOIR MA PUCE !
'SOIR PAPA !
CHARCUTERIE
?!?
ALORS ?
CHARCU

son Caractère

Secrète • Discrète • Parfois moqueuse

LES SOPHIE LAISSENT PEU TRANSPARAÎTRE LEURS SENTIMENTS, ET LORSQU'ELLES VEULENT DIRE QUELQUE CHOSE, C'EST SOUVENT D'UNE FAÇON IRONIQUE.
ALLEZ, SOIS GENTILLE ... DIS-LE-MOI !
?
ALLEZ, DIS-MOI ...
EST-CE QUE C'EST PAUL, TON AMOUREUX ? HEIN ? DIS ... DIS ?
ALORS ? ALORS ?
?
HEIN ? HEIN ?
... EN TOUT CAS ... PAUL, C'EST PAS L'AMOUREUX D'UNE PIPELETTE QUI VEUT TOUT SAVOIR !
!

son Caractère

Très intelligente • Méthodique

LES SOPHIE ONT UNE INTELLIGENCE TRÈS SYNTHÉTIQUE ET MÉTHODIQUE. ELLES SEMBLENT AVOIR UN CERVEAU FONCTIONNANT SUR LE MODE DE L'ORDINATEUR...
ALLONS, SOPHIE... J'ATTENDS!
2x4=
VOYONS... a) PRENDRE LA CRAIE... b) RÉFLÉCHIR, RECHERCHER LA TÂCHE...
c) CHERCHER LA CASE "MATHÉMATIQUES" DANS LE CERVEAU... d) OUVRIR LE TIROIR "MULTIPLICATION" ...
e) ÉCRIRE LA SOLUTION!
2x4=
8
BIEN, SOPHIE!
ATTENTION, PARFOIS, LE MANQUE DE CONCENTRATION PEUT CONDUIRE À QUELQUES RATAGES...
ZÉRO! À TA PLACE, SOPHIE!
ZUT! J'AI OUVERT LE TIROIR "ADDITION"!
2x4=
6

son Caractère

Mystérieuse • Pudique, voire pudibonde

LES SOPHIE ONT BEAUCOUP DE MAL À EXTÉRIORISER LEURS SENTIMENTS. RENFERMÉES ET TRÈS PUDIQUES, IL SE DÉGAGE D'ELLES UNE GRANDE SENSATION DE MYSTÈRE.
SOPHIE, MA CHÉRIE... TU VIENS TE BAIGNER?
UN MOMENT, JE METS MON MAILLOT!
QUOI? QU'EST-CE QU'IL Y A?...
!
ON VOIT QUELQUE CHOSE?
!!!
PAF

sa Vitalité

Très sensible aux affections virales...

ON L'A VU, LES SOPHIE N'ONT PAS UNE VITALITÉ EXCEPTIONNELLE. MAIS LEUR GRANDE HYGIÈNE LEUR ÉVITE LE PIRE. TRÈS SENSIBLE AUX AFFECTIONS VIRALES, ELLES SAVENT SE PROTÉGER.
?!
SALUT!
EH BIEN! TU T'ES HABILLÉE POUR PARTIR AU PÔLE!
TUT TUT! AVEC TOUS LES VIRUS QUI TRAÎNENT, JE PRENDS MES PRÉCAUTIONS!
BON! AU BOULOT!
!?
EUH... SOPHIE... JE... JE CROIS...
...QUE TU N'AS PAS PENSÉ AU VIRUS INFORMATIQUE!
?!

sa Vitalité

Vitalité moyenne • Besoin de sommeil

DE SANTÉ MOYENNE, LES SOPHIE DOIVENT SE SURVEILLER, SACHANT QUE, POUR ELLES, LA MEILLEURE PRÉVENTION, C'EST ENCORE LE SOMMEIL.
C'EST L'HEURE D'ALLER AU BOULOT, À CE SOIR, MON CHÉRI !
À CE SOIR, CHÉRIE !
BISOU !
NEUF HEURES MOINS LE QUART... ÇA VA, J'AI UN PEU DE TEMPS AVANT LE BOULOT...
VOUS POUVEZ ME RÉVEILLER DANS DIX MINUTES, S'IL VOUS PLAÎT !
?
!!!
ZIP !

sa Vitalité

Saine • Sobre • Equilibrée

LES SOPHIE SAVENT, COMME ON L'A DÉJÀ VU, S'OCCUPER DE LEUR SANTÉ ET DE LEUR BIEN-ÊTRE...
POUR CELA, ELLES SONT SAINES...
NON MERCI !
PLUTÔT SOBRES ...
NON MERCI !
ÉQUILIBRÉES. ELLES ÉVITENT EN GÉNÉRAL LES EXCÈS...
ON VA EN BOÎTE ?
NON MERCI !
ET CE EN TOUTE CIRCONSTANCE !
NON MERCI !
!

sa Vitalité

Foie fragile • Grande hygiène de vie

POUR RESTER EN FORME, LES SOPHIE DOIVENT SURVEILLER LEUR ALIMENTATION ET PRATIQUER UN SPORT. ELLES DEVRONT SURVEILLER PLUS PARTICULIÈREMENT LEUR FOIE.
Salle de Boxe
J'AI CHOISI LA BOXE POUR ME DÉFOULER UN PEU...
VESTIAIRES
ALORS, SOPHIE... ÇA BOUME ?
AH, RAYMOND ! TU VEUX BIEN ME PRÊTER TA COQUILLE...
!
?
QUOI ?!?!
...JE NE TIENS PAS A' RECEVOIR UN UPPERCUT AU FOIE !
!!!

sa Vitalité

Stressée • Tendance au surmenage

LES SOPHIE, SOUCIEUSES DE PARFAIRE LES CHOSES, NE SE MÉNAGENT GUÈRE. ELLES SERONT ASSEZ FACILEMENT SUJETTES AU STRESS ET AU SURMENAGE.
ENFANTS À L'ÉCOLE...
BOULOT...
COURSES...
HOULÀ, MADAME SOPHIE... VOUS ME SEMBLEZ BIEN ÉNERVÉE... ATTENTION AU SURMENAGE...
!!!
CONCIERGE
... MÉNAGE ! ... LE MÉNAGE !!!
VITE !
!
AHLALA !
ZOU

sa Vitalité

Sports de grand air indispensables

LE SPORT EST UNE ACTIVITÉ INDISPENSABLE POUR LES SOPHIE. ON NE PEUT PAS DIRE QU'ELLES EN SOIENT VÉRITABLEMENT FANS, MAIS ELLES S'Y METTENT VOLONTIERS S'IL LE FAUT...
SUIVANT!
...DU SPORT DE GRAND AIR !?! IL EST MARRANT, CE TOUBIB!...
Docteur MORVAN
JE NE CONNAIS PAS DE SPORTS DE GRAND AIR, MOI! BON, VOYONS...
SPORTS
SPORTS
PLANCHE À VOILE! PFOUU... TROP DUR! JOGGING... FATIGANT...
PÉTANQUE... 'Y A QUE DES GARS!... JAVELOT... BOF! SKI... TROP FROID! PFOUU...
SPORTS
AH!
SPORTS
SI C'EST PAS DU GRAND AIR, ÇA!

son Activité

Studieuse • Elève appliquée

LES SOPHIE SONT PARTICULIÈREMENT STUDIEUSES, MÊME S'IL FAUT LES POUSSER UN PEU ÉTANT PETITES. CELA DIT, QUAND LE PLI EST PRIS, ELLES NE SAVENT PLUS S'ARRÊTER. LA LECTURE EST SANS DOUTE LEUR ACTIVITÉ PRÉFÉRÉE...
PETITE...
ADOLESCENTE...
ADULTE...
FEMME...
DANS LE MONDE DE L'EMPLOI...
ÇA, C'EST POUR MOI !
ANPE
Magazine cherche critique littéraire
VOUS SAVEZ, C'EST UN JOB DIFFICILE, IL FAUT ÊTRE CAPABLE DE LIRE 20 BOUQUINS PAR SEMAINE !
AH BON ! ALORS TANT PIS !... MOI J'EN LIS 50 ! DÉSOLÉE !
!
ÇA N'EST PAS POUR MOI !

son Activité

Mémoire exceptionnelle • Précise

PARMI LES CAPACITÉS INTELLECTUELLES, S'IL EN EST UNE QUE LES SOPHIE POSSÈDENT, C'EST BIEN LA MÉMOIRE. ELLES N'ONT AUCUNE DIFFICULTÉ À RETENIR LES CHOSES LES PLUS INVRAISEMBLABLES.
POUR LA 126ème SEMAINE CONSÉCUTIVE, NOUS RECEVONS NOTRE CANDIDATE SOPHIE...
QUESTIONS POUR UN CERVEAU
QUEL A ÉTÉ LE NOMBRE DE BOULONS UTILISÉS POUR LA CONSTRUCTION DE LA TOUR EIFFEL ?
FACILE !
AH NON, SOPHIE ! CETTE FOIS IL Y A UNE PETITE ERREUR... IL Y A EU 1 315 514 316 BOULONS ET NON PAS 1 315 514 318 ! DÉSOLÉ !
VOUS OUBLIEZ LES DEUX BOULONS POUR FIXER LA PANCARTE "PEINTURE FRAÎCHE" POSÉE LA VEILLE DE L'INAUGURATION !
M'ÉNERVE... M'ÉNERVE...

son Activité

Grand self-control • Efficace

LES SOPHIE ONT UN TEMPÉRAMENT CALME. DOTÉES D'UN BON SELF-CONTROL, ELLES SAVENT NE PAS SE LAISSER EMPORTER PAR L'ÉMOTION. PAR CONTRE, LEUR RÉPONSE À TOUTE AGRESSION PEUT ÊTRE SIMPLE, MAIS D'UNE EFFICACITÉ REDOUTABLE...
TRIIIT!!!
FEU ROUGE
FEMME AU VOLANT !
ZEN
SOPHIE
PAPIERS! PERMIS... ASSURANCE... M'EN VAIS VOUS SOIGNER, MOI!
OUI, MONSIEUR L'AGENT!
LA VENGEANCE EST UN PLAT QUI SE MANGE FROID, PENSENT LES SOPHIE...
J'AI RENDEZ-VOUS AVEC LE DOCTEUR À 15 HEURES...
ELLE VOUS ATTEND, MONSIEUR L'AGENT!
ELLE?
ACCUEIL
!
DÉSHABILLEZ-VOUS! VOUS POUVEZ GARDER VOS CHAUSSETTES!
PAPIERS, BILAN SANGUIN, CARTE VITALE... M'EN VAIS VOUS SOIGNER, MOI!

son Activité

Flegmatique • Observatrice

LES SOPHIE AIMENT PRENDRE LEUR TEMPS. LEURS DÉCISIONS SONT MÛREMENT RÉFLÉCHIES.
AH, ENFIN ! VOILÀ SOPHIE !
ELLE EST DÉGUISÉE EN QUOI ?
...ÇA VA ? JE SUIS PAS TROP EN RETARD ?
...COMME D'HAB' !
LES SOPHIE SONT AUSSI DES CONTEMPLATIVES. ELLES AIMENT OBSERVER TRANQUILLEMENT LEUR PROCHAIN, ET CE POUR MIEUX LE COMPRENDRE.
C'EST PAS TROP LASSANT À LA LONGUE, D'OBSERVER AINSI ?
OH NON ! CE QU'IL FAUT APRÈS LE BOULOT, C'EST UN DÉRIVATIF.

son Activité

Grande conscience professionnelle

LES SOPHIE SONT DES PROFESSIONNELLES RECHERCHÉES. PLUS QUE LEUR COMPÉTENCE, C'EST PARTICULIÈREMENT LEUR TRÈS GRANDE CONSCIENCE PROFESSIONNELLE QUI LEUR OUVRE BEAUCOUP DE PORTES.
HM..., BONNE DENSITÉ...
CRRR
FERMETÉ MOYENNE, MAIS ACCEPTABLE...
...À UN GRAMME PRÈS, LE POIDS EST CORRECT...
C'EST BON ! VOICI VOTRE BAGUETTE, MADAME DUMOU !
BOULANGERIE
chez Sophie
AH ! TOUT DE MÊME !

son Activité

Stable • Entêtée • Déterminée

LORSQU'ELLES ONT UNE IDÉE DANS LA TÊTE, IL EST DIFFICILE DE FAIRE CHANGER D'AVIS AUX SOPHIE. CETTE DÉTERMINATION EST AUSSI TOUT À LEUR HONNEUR, LES SOPHIE NE SONT PAS DES GIROUETTES.
TU VAS AVANCER, VIEILLE BOURRIQUE ! ALLEZ! HUE LÀ !
?
ÇA ME FAIT PENSER À QUELQU'UN, CET ANIMAL!
À QUI TU PENSES, LÀ ?!
RIEN À FAIRE! BOUGRE DE... QUAND IL A DÉCIDÉ QUELQUE CHOSE, CETTE ESPÈCE DE... ALLONS, AVANCE!!!

ses Amours

Romantique • Fascinante • Envoûtante

LES SOPHIE ONT UN CHARISME REDOUTABLE. EST-CE LE POIDS DES SECRETS QU'ELLES DÉTIENNENT ?... LORSQU'ELLES SONT EN COMPAGNIE, ELLES DÉGAGENT UNE TELLE FASCINATION QUE CELA PEUT DEVENIR INSUPPORTABLE...
EUH... MADEMOISELLE...
OUI?
JE... JE CROIS... ENFIN! IL VA FALLOIR... EUH...
?!
DÉSOLÉ!... MAIS ... IL VAUT MIEUX QUE...
?!
... QUE VOUS QUITTIEZ LE STADE! HUM...
!!!

ses Amours

Passionnée mais réfléchie

EN AMOUR, LES SOPHIE SONT SOUVENT PASSIONNÉES TOUT EN SACHANT GARDER RAISON. ELLES SAVENT AINSI PRENDRE LEUR TEMPS AVANT LES DÉCISIONS DÉFINITIVES.
EUH... PAS MAINTENANT...
EUH... PAS ENCORE MAINTENANT ...
JUST MARRIED
OUAIS... JE SAIS... PAS MAINTENANT !
...MAINTENANT ?
DESOLÉ... TROP TARD !

ses Amours

Accommodante • Parfois rancunière

LES SOPHIE SONT DE BONNE COMPOSITION. DANS LES SITUATIONS DIFFICILES À VIVRE, ELLES SAVENT ÊTRE ACCOMMODANTES... JUSQU'À SAVOIR PARDONNER. MAIS ATTENTION, ELLES PEUVENT ÊTRE ÉGALEMENT ASSEZ RANCUNIÈRES.
!
HEU... SOPHIE ! JE... JE VAIS T'EXPLIQUER !
CHÉRIE JE SUIS DÉSOLÉ... JE...
TAIS-TOI !
ET LES DOULEURS PASSENT...
HM...
... AVEC LES ANNÉES...
SI ON S'ASSEYAIT UN PEU, SOPHIE ?!
ÇA VA FAIRE NOS 52 ANS DE MARIAGE, TU TE RENDS COMPTE !
TIENS ! SALAUD ! TU L'AS PAS VOLÉ ! AVEC TA PÉTASSE BRUNE !
BAF !
?!

ses Amours

Besoin d'un entourage sécurisant

LES SOPHIE ONT BESOIN DE SENTIR AUTOUR D'ELLES TOUT L'AMOUR DE LEURS PROCHES ; C'EST INDISPENSABLE À LEUR ÉQUILIBRE, À LEUR BIEN-ÊTRE.
OH, PAPA, MAMAN, COMME JE SUIS CONTENTE QUE VOUS SOYEZ LÀ !
OH MES FRÈRES, MES SOEURS, COMME JE SUIS CONTENTE QUE VOUS SOYEZ LÀ !
OH MES COPINES, QUE JE SUIS...
...EUH PAPA, MAMAN, MES FRÈRES, MES SOEURS, MES COPINES... SOYEZ GENTILS... SORTEZ, MAINTENANT !

ses Amours

Pudique, voire refoulée

DE PAR LEUR NATURE INTIME, LES SOPHIE ONT DU MAL À S'EXTÉRIORISER. TOUJOURS EN RETRAIT, ELLES PEUVENT MÊME PARFOIS PARAÎTRE PUDIBONDES.
ÉCOUTE... SUR LA PLAGE, JE COMPRENDS... CHEZ LE MÉDECIN, JE COMPRENDS ...
CHEZ NOUS DANS LA CHAMBRE... JE COMPRENDS ... QUOIQUE CELA FAIT TOUT DE MÊME PLUS DE 20 ANS QUE NOUS SOMMES MARIÉS...
MAIS LÀ, FRANCHEMENT ...
... TU POUSSES UN PEU!
PRODUITS DE BEAUTÉ BEL'homme
COUCHES LES RIPOL

ses Amours

Dévouée • Rigoureuse • Accueillante

LES SOPHIE SONT D'UN TEMPÉRAMENT DÉVOUÉ. POUR LEURS AMIS, ELLES SAVENT FAIRE PREUVE D'UN ACCUEIL PARTICULIÈREMENT CHALEUREUX. ELLES AIMENT RECEVOIR ET FAIRE EN SORTE QUE CEUX QU'ELLES AIMENT NE MANQUENT DE RIEN.
COUCOU SOPHIE !
AH ! MES AMIS ! ON N'ATTENDAIT PLUS QUE VOUS !
TU NOUS EXCUSERAS, ON A DÛ AMENER LE PETIT, SA NOURRICE NOUS A FAIT FAUX BOND !
MON DIEU !
ARE
UN DE PLUS QUE PRÉVU ! J'ESPÈRE QU'ON AURA ASSEZ !
BIENVENUE AUX AMIS DE SOPHIE
CERTES, LES SOPHIE SONT TRÈS SECRÈTES, PARFOIS UN PEU RÉSERVÉES, DISTANTES. MAIS LEUR GÉNÉROSITÉ , LEUR SENS DE L'AMITIÉ ET LEUR DÉVOUEMENT SONT SANS LIMITES... ET C'EST POUR ÇA QU'ON LES AIME !...

Sophie

sa fête

Faites comme son animal totem, le crapaud.
N'oubliez pas de fêter les Sophie
le **25 Mai** !

25MAI

Sophie

ses homonymes célèbres

- **Sophie Rostopchine**
  La comtesse de Ségur
- **Sophie Germain**
  Mathématicienne
- **Sophie Agasinski**
  Comédienne
- **Sophie Davant**
  Présentatrice
- **Sophie Desmaret**
  Comédienne
- **Sophie Forte**
  Comédienne
- **Sophie Darel**
  Imitatrice

INIQUEALAINEMMANUELSANTIAGODANIELJULESNIELSPHILOMÈNES
ISFABIENHERBETCHRISTIANNEGABINGUÉNOLÉALEXISJÉROMEARNAU
LAUMECÉLINEARABELLEGWENAELCLOTAIREODETTEJOSEPHFRANÇO
IEPIERREISABELLEOLIVIERPHILIPPEAUDESYLVIEARSÈNEKÉVINJUDIT
ATHIEUTHÈCLEBERNARDADELINEGILLESINGRIDINÈSPÉLAGIEROSAL
THERINEPAULPRUDENCESERGEBERTILLEDAVIDROGERMÉDARDBÉRA
MIRNESTORADELPHEMONIQUEHERMANNTHIBAUTMARIETTALÉGERA
NEFULBERTMAXIMEZITAROBERTMARTIALLANDRYRODRIGUEMARTH
ELAIMÉGUYCHRISTINEBENOÎTBÉNÉDICTECLAIREBENJAMINQUENTIN
STANTANDREDELPHINEDONALDAMANDINEROSECARLOSMARINAGE
ESEWILFRIEDARMELHIPPOLYTETANGUYLAURAGASTONLAZAREDIDIE
UERÉMICOLETTEVALENTINEROMÉOVIVIENEMMAMARGAUXSTANISLA
EUDESBORISAMOURGHISLAINPHILEMONSIDOINERAYMONDRENAU
EBAUDOUINODILONPAULINEGATIENLÉOANSELEMEELIOTTPETERLUC
IEDCARINEJOSEPHODILEJIMMYPASCALBRICEFRANCKJEANMICHELL
AURICEERICSYLVAINANNEFERNANDBERTRANDJOELROMAINDOMINIC
LYSSEHENRIPAULETTECHARLOTTEJULIENARNAUDDAMIENFRANCISFA
MATHACHLOETHÉONATHALIECHARLESHUGUESLOUISMARIEGUILLAU
MASNICOLASMURIELANNEARNAUDPARFAITCOLETTETHIERRYBLAISEY
IDINEALEXANDRAMARINACYRILLEFÉLIXLUCIENHÉLÈNEREINEROMUA
OULFLORALILIMARCELNINAGILDASROLANDENINONRICHARDHUMBE
RAUGUSTINRÉGISHIPPOLYTEGERMAINEJUSTINGRÉGOIREIGORGAUTH
ENDENISFLEURBRUNOJUSTEFIRMINÉDOUARDMÉLAINEAGNÈSMART
INENATACHAAMBROISEALICEROMARICURBAINBARBARABRIGITTELY
HINSÉVERINEBIENVENUEGABRIELSIMONNARCISSEDIMITRICRÉPINCO
HERVÉACHILLEESTELLEBARNABÉGUSTAVECLARISSEEDITHLUCMARCT
RDVICTORJULIETTEBAPTISTEIGNACEVINCENTGEORGESJACQUESVÉR
MEVICTORIENSILVÈREARMANDXAVIERMARCELLEISABELLEBARTHÉLE
MICKAELJACQUELINEETIENNEELLAYVESRENÉANICETEDMONDHONO
ASTÉPHANETRISTANJEANNECRÉPINHECTORTHÉOPHILEINNOCENTE
ÉRANRDSOPHIEEUGÈNECHRITIANNORBERTPATRICIACAROLEMAURI
NUELSANTIAGODANIELJULESNIELSPHILOMÈNESUZANNEALIXULYSSE
RISTIANNEGABINGUÉNOLÉALEXISJÉROMEARNAUDSANDRINESAMATH
LLEGWENAELCLOTAIREODETTEJOSEPHFRANÇOISTHOMASNICOLASM
LIVIERPHILIPPEAUDESYLVIEARSÈNEKÉVINJUDITHBLANDINEALEXAN
NARDADELINEGILLESINGRIDINÈSPÉLAGIEROSALIERAOULFLORALILIM
NCESERGEBERTILLEDAVIDROGERMÉDARDBÉRANGERAUGUSTINRÉG
HEMONIQUEHERMANNTHIBAUTMARIETTALÉGERADRIENDENISFLEU
ZITAROBERTMARTIALLANDRYRODRIGUEMARTHESABINENATACHAA